田中寛志
空間デザインの詩学

新保智子編

港の人

著　者

遠くから見ること。
そして、
近くから見ること。

金沢美術工芸大学の学生のとき、徹底的にデザインの基礎を学んだ。黒と白を極小市松模様に塗り込んだ。遠くから見るとグレーにしか見えず、近くからは黒と白に見えた。不思議だが、どちらも事実だった。それ以来社会に出てからも、大切なことは必ず遠くからと近くから見て判断するようになった。

あるとき、資生堂会長の福原義春さんに呼ばれた。銀座の八丁目に資生堂の文化拠点を建てたいが、スペインの建築家リカルド・ボフィールに思いを伝えに行って欲しいと言われた。私は「あなたの思いはどのようなものですか」と質問をした。福原さんは、「石油産業を超えたい」と答え、最初に受けた提案である総ガラス建築を否定した。そして今も愛知県の明治村に保存されているフランク・ロイド・ライトが設計した帝国ホテルの、入口左のスリットの奥を見て来て欲しいと言われた。

私はすぐに明治村へ向かった。奥には小さな金色の正方形が輝いていた。ああ、全体も大切だが部分も大切だということを建築家に伝えて欲しいのだなと直感した。福原さんは「神は細部に宿る」と常日頃語っていた。私は外観イメージのために、「夕暮れ」と命名された桃山時代の赤い陶器写真を見つけた。さらに銀座から東京駅に続く古くて赤い煉瓦の色を徹底的に調べた。近くから見るとどの煉瓦色も同じだが、目地を白か黒かグレーにするかで、遠くから見るとまるで違っていた。結果として、ボフィールは完成した赤い東京銀座資生堂ビルの外観目地に金を入れた。

私はショーウインドウをデザインするとき、必ず遠くから見て「時代に対する提案性」があるか、近くから見て「感動する小宇宙」があるかを確認する。施工後、全体と部分それぞれのベストの魅力を捉えた記録撮影をする。

記憶は通常遠くに思い出すのに、雪が降り続く金沢の学生時代だけはなぜか間近に思い出す。

目次

ショーウインドウ抄

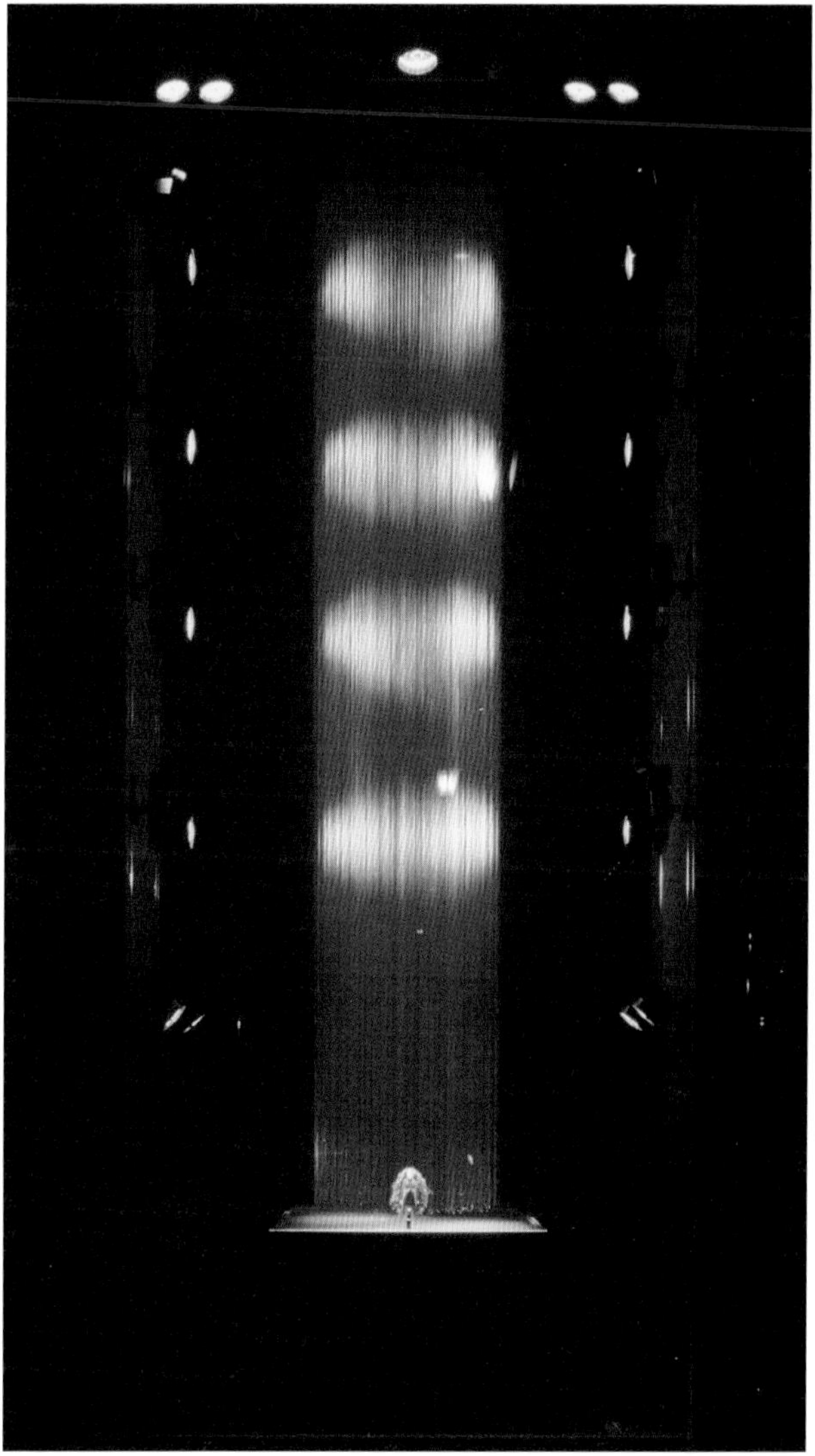

東京銀座資生堂ビル ショーウインドウ 2001

東京銀座資生堂ビル ショーウインドウ 2001　cf.p17

銀座並木通り サンモトヤマ ショーウインドウ　cf.p31

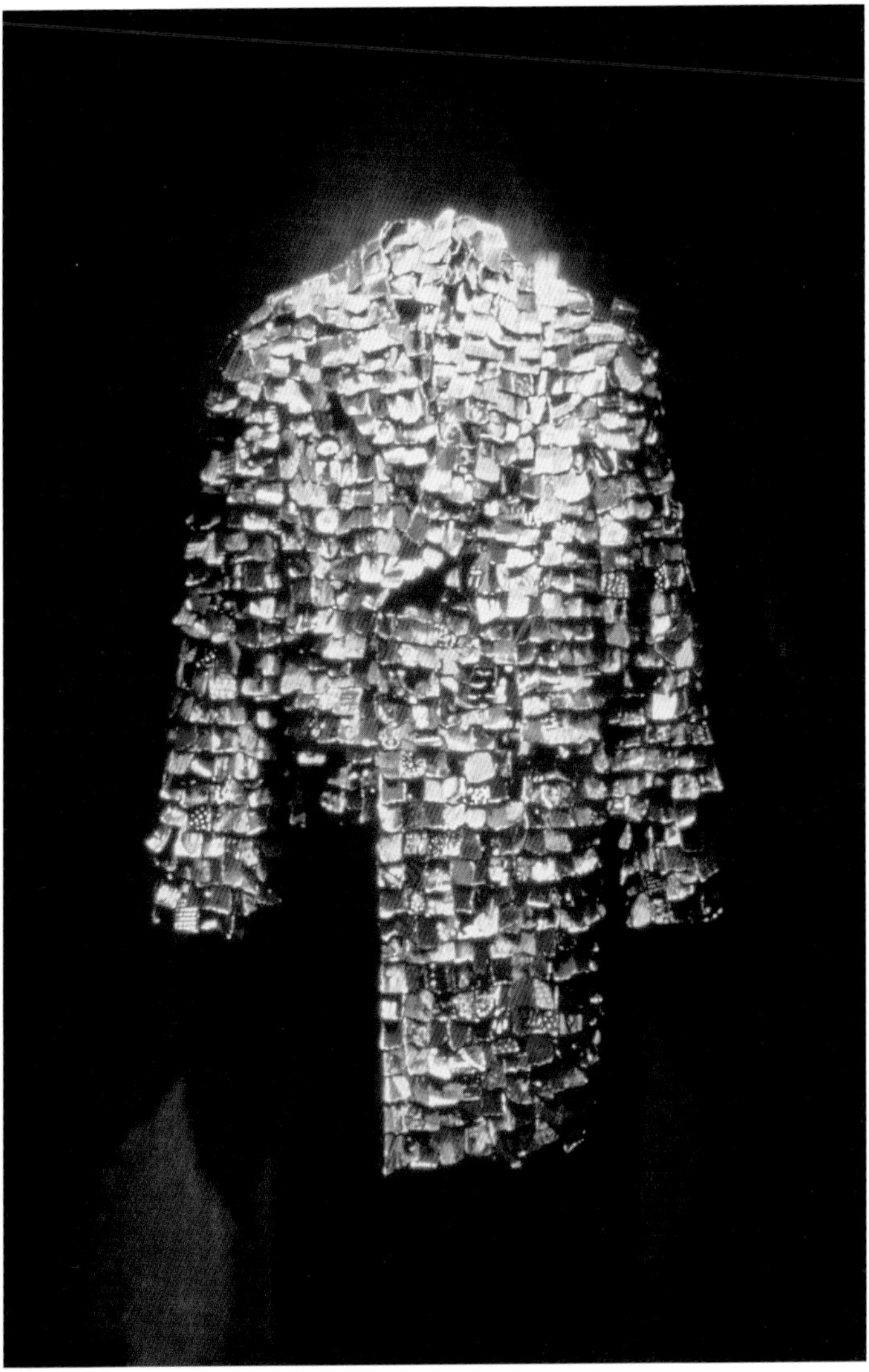

ザ・ギンザ資生堂 ショーウインドウ 1990　cf.p34

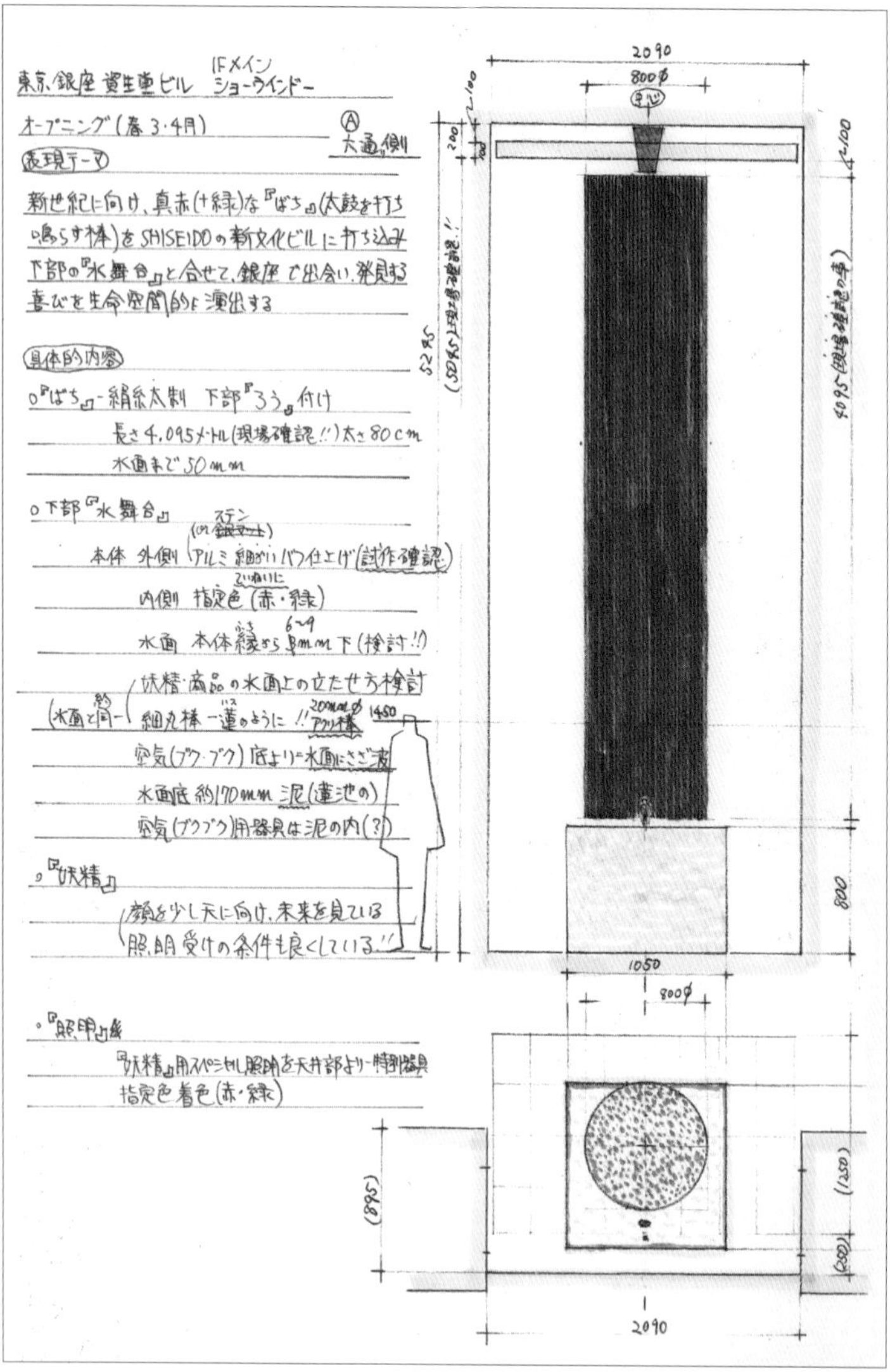
東京銀座資生堂ビル 1Fメイン ショーウインドー
オープニング（春3・4月）
Ⓐ『大通』側
表現テーマ
新世紀に向け、真赤（＋緑）な『ばち』（太鼓を打ち鳴らす棒）をSHISEIDOの新文化ビルに打ち込み
下部の『水舞台』と合せて、銀座で出会い、発見する喜びを生命空間的に演出する
具体的内容
○『ばち』－絹糸太製 下部『ろう』付け
長さ4,095メートル（現場確認!!）太さ80cm
水面まで50mm
○下部『水舞台』
本体 外側（内 ステン）アルミ 細かいバフ仕上げ（試作確認）
内側 指定色（赤・緑） ていねいに
水面 本体縁《ふち》から 6~9mm下（検討!!）
妖精・商品の水面上の立たせ方検討
（水面と約同一）細丸棒－蓮《ハス》のように!! 20mmφ アクリル棒 1450
空気（ブク・ブク）底より水面にさざ波
水面底 約170mm 泥（蓮池の）
空気（ブクブク）用器具は泥の内（?）
○『妖精』
顔を少し天に向け、未来を見ている
照明受けの条件も良くしている!!
○『照明』系
『妖精』用スペシャル照明を天井部より－特別器具
指定色着色（赤・緑）
2090
800φ
中心
100
200
5285
（5085 現場確認!!）
4095（現場確認の事）
800
1050
800φ
(895)
(1250)
(200)
2090

東京銀座資生堂ビル ショーウインドウ図面 2001

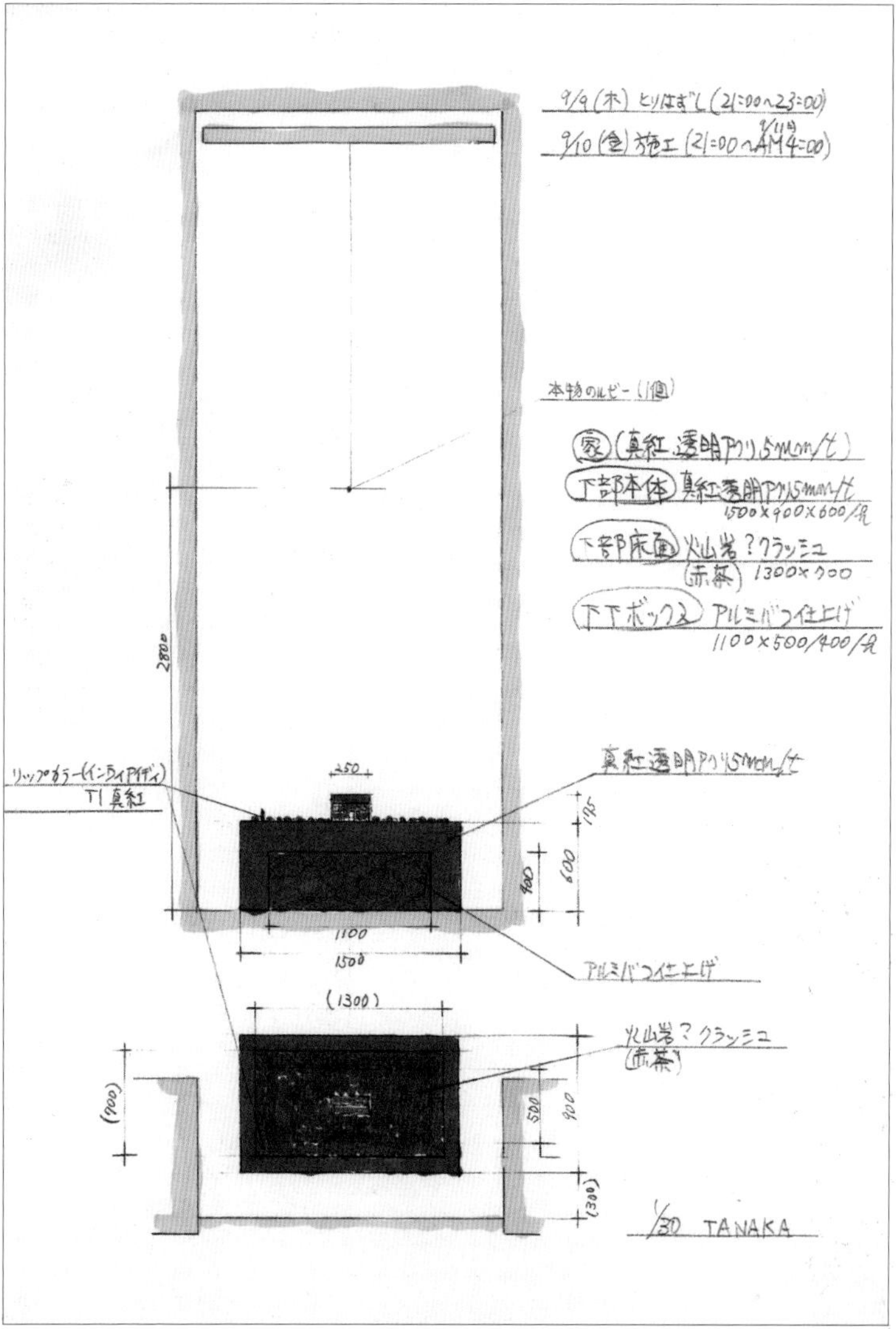
9/9(木) とりはずし(21:00~23:00)
9/10(金) 施工(21:00~AM4:00)
本物のルビー(1個)
家(真紅透明アクリル5mm/t)
下部本体 真紅透明アクリル5mm/t
1500×900×600/h
下部床面 火山岩?クラッシュ
(赤茶) 1300×900
下下ボックス アルミバフ仕上げ
1100×500/400/h
2800
リップカラー(インラィアイディ)
T1 真紅
真紅透明アクリル5mm/t
250
1100
1500
アルミバフ仕上げ
(1300)
火山岩?クラッシュ
(赤茶)
(900)
500
900
(300)
1/30 TANAKA

東京銀座資生堂ビル ショーウインドウ「赤い星」図面

ザ・ギンザ資生堂 ショーウインドウ 1991

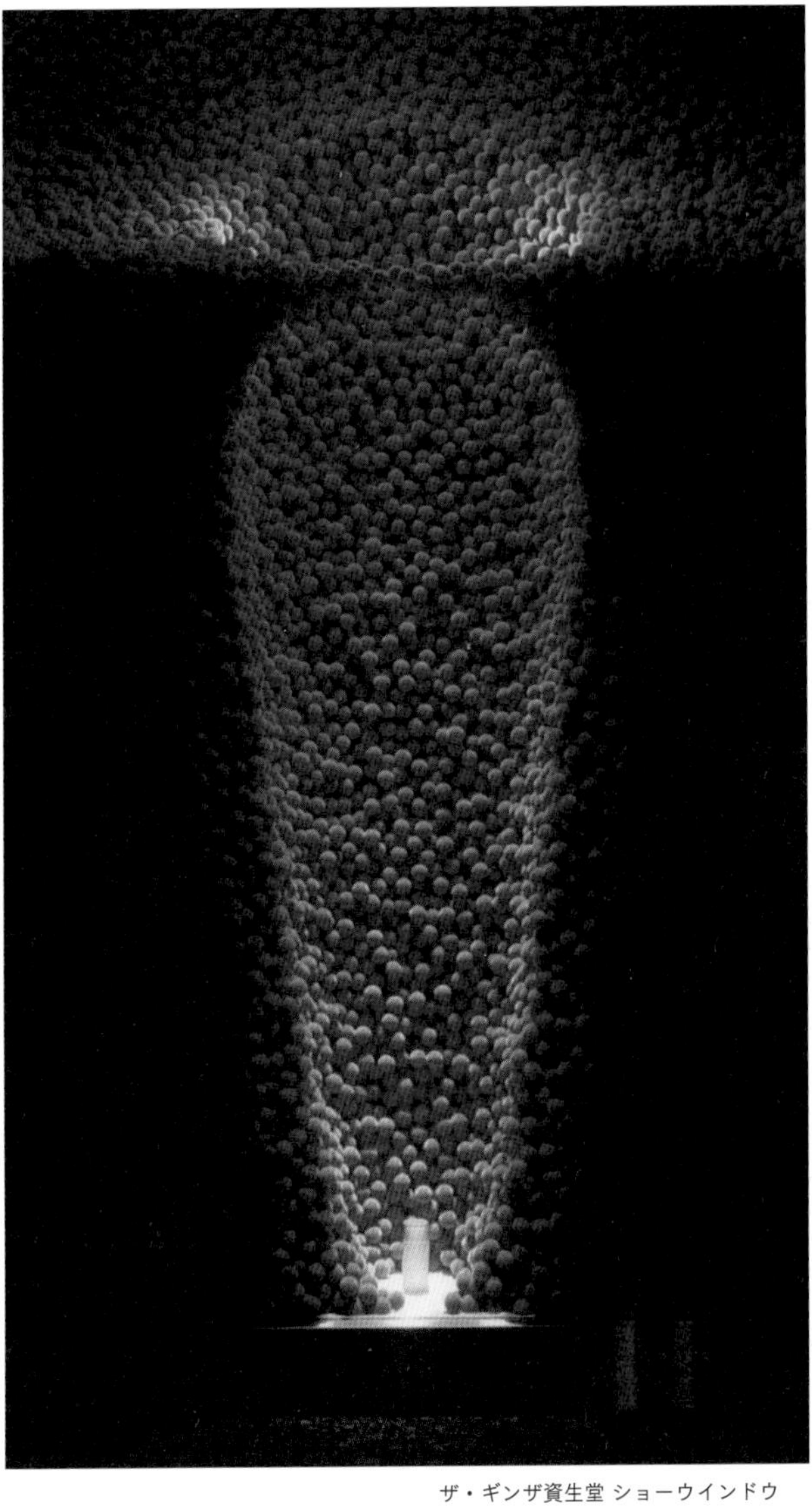

ザ・ギンザ資生堂 ショーウインドウ

東京銀座資生堂ビル 小さな奥行きの深いショーウインドウ 2001　cf.p14

東京銀座資生堂ビル クリスマスショーウインドウ 2003　cf.p16

Fragments　空間デザインのエッセンス

銀座から世界へ

凝縮

凝縮は日本人が最も得意とする文化技術だ。小さな茶碗に宇宙を見、小さな蕾に満開の花を見る。最大の豊かさや多価値を最小の空間に凝縮する技術だ。「静と動」「古代と未来」「一と多」「瞬間と永遠」「白と黒」など、相反する価値の凝縮は、最も魅力的だ。「俳句」や「茶室」や「坪庭」は具体例だ。

回遊式庭園

回遊式庭園はひとが入って完成する「店」や「展示空間」や「まちづくり」の原点だ。樹木や石や池などは、四季により表情が多様に変化する。現存する代表例は京都の桂離宮だ。狭くても奥深く、豊かで楽しい空間を体感できる。日本料理の盛りつけの美しさにも通じ、そのさまを「小宇宙」とも言う。

散

散はカオスを含み、日本やアジアの美のひとつだ。西欧では、こういう空間を「うるさい」「汚い」と否定する人もいる。夜店や市場で散った小品を探す楽しさや、多様な樹木や落葉が散った雑木林を散策する楽しさ。もちろん「散る桜」や「散らし寿司」をも日本人は愛で、美しいと言う。

奥

先人が考えたこの日本特有の空間文化技術に何度救われたかわからない。どんなに狭く悪条件でも、入口の工夫や多様な演出で深さを表現し、憧れる空間を創造する。「S字の道」「折れた路地や橋や玄関」「連面の室内や舞台」「多様な椅子の配置」「中潜り」なども「奥」を演出する手法だ。

間

資生堂に入社した頃、学生運動が盛んだった。新橋駅近くの線路は、ゲバ棒を持った学生で溢れていた。物をつくらないほうがよいのではないかと思い悩んだ。なにげなく自宅近くの一橋大学の構内を通った。そこでは、つくらない「点の光の月」と、つくられた「線の光の街路灯」が「間」により美しく共生していた。

最小

プロとして、一本の糸や一枚の紙で感動させたかった。予算が七十万円あるザ・ギンザのショーウインドウを一本の白い糸で勝負した。商品は白いナイトクリームだった。予算が百万円ある東京銀座資生堂ビルでは、一個のアイスクリームコーンをクリスマスツリーに見立て、なかには電球を入れて商品を灯した。

水

川の水は二十年前も流れ、二十年後も流れる。水は液体から固体の氷に変わり、やがて蒸発して消えてしまう。スキンケア化粧品の空間演出に、水をたびたび使用した。「風の谷のナウシカ」の「腐海」にも憧れ、泥水を使い水の上に妖精と商品を立たせた。やがて、泥のなかから生き物が誕生し、水中を泳ぎ始めた。

色

私の作品には赤が多く登場する。赤の線や面で空間を切ったり、赤い壁に赤い光を当て発光させたりする。バーニーズ・ニューヨークのクリエイティブ・ディレクター、サイモンに「本当に赤が好きですね」と言われた。青も好きだ。イヴ・クラインの「宇宙青」やノヴァーリスの小説「青い花」にも心を惹かれる。老いて黄も好きになった。

美味しいクリスマスツリー

星形のクッキーで、甘い香りのするクリスマスツリーを制作した。クッキーを焼くのは、いつものチームでなく、料理好きの主婦にお願いすることにした。試作のクッキーを紙箱に入れ、ニコニコしながら現場に持って来た。香りの強さを考えて、バターの量を減らしてもらった。錆仕上げの支柱にできあがったクッキーを差し込み、下部の幹にはフランスパンを使用し完成した。

スケッチ

小さなショーウインドウ空間を大きく見せるため、凝縮した人間「妖精」をときどき登場させた。好きなサイズで描き、人形師には原寸で渡す。スケッチを超えて欲しいと希望する。素材感を含め、より魅力的な妖精の制作を願う。スケッチは目指す方向を示しているに過ぎない。

最悪はチャンス――その一　使えない空間

伊勢丹新宿店本館入口左のショーウインドウは当時電飾が入り、マネキンが入る奥行きもなく、ファッションウインドウとして「使えない空間」と判断されていた。私に可能性を打診してきた。私は奥行きのなさを活かした「ファッション図鑑」を提案し、採用された。これ以降メインを含む、伊勢丹新宿店本館ウインドウ全体のディレクションを数年間担当した。

最悪はチャンス――その二　誰も見ない場所

オーストラリアの小デパートから「誰も見ない場所」にあるウインドウを依頼され、若いスタッフが素敵にデザインした。近くの大デパートが偶然これを見つけ感動し、全ウインドウと全特設空間のデザインを依頼してきた。これが資生堂の企業文化を伝える「SHISEIDO展」のスタートだ。やがてパリの装飾美術館など世界各国を巡回。六本木の展示で、この年のディスプレイデザイン大賞を受賞した。

色材混合と色光混合

二十一世紀になって、明確に二十世紀と変わったことがある。色の基本が、色材を混ぜると黒になる「色材混合」から、色光を混ぜると透明（白い上では白）になる「色光混合」になり、すべての基本色が黒から白に変わった。それに併せて、資生堂でも、色光をコントロールする光の粒子の入った初めての商品が、日本海外共通マーケットで二〇〇一年に発売された。

水面

イスラムのまちは、タイルと水の演出が豊かだ。水場の底のタイルは水に揺れ美しい。北アフリカのモロッコで大きな水盤に出会った。水面の揺れを見ていると、なぜか畳を思い浮かべた。日本に帰り、銀座にあるザ・ギンザの正月ウインドウは「青畳に鯉」に決めた。照明によって、畳は水面へと変わる。

イスタンブール

トルコのイスタンブールは好きなまちのひとつだ。ビザンチンとイスラムとヨーロッパの文化が重層している。さらにボスポラス海峡で分かれたアジアとヨーロッパがガラタ橋で結ばれている。時間（歴史）を取り込み、昔のアパートメント二軒と路地をロビーに再生したホテル、クラウン・プラザ・イスタンブールが特に好きだった。

ニューヨークとパリ

世界で二カ所だけ、ここで成功すれば世界のマーケットで成功するというまちがある。ニューヨークとパリだ。ニューヨークは「多民族」がつくり成功したまちで、パリは「多国籍」がつくり成功したまちだ。新ブランドやデパートの新カウンター等がこのふたつのまちで共感されれば、グローバルに広がる可能性は大きい。

アジアの文化技術

アジアは多民族・多宗教で混沌としている。西欧の文化も日本の文化も取り入れる。アジアの代表的文化技術は、バリのウブドゥ等に見られる「多生命の共生」と中国の道教や太極拳等に見られる「身体の良循環」だ。アジアの叡智を集めた化粧品ブランド「AYURA」の創業プロジェクトにも参加した。

日本の文化技術

欧米で仕事をするとき、必ず日本の文化について質問される。欧米ではＺＥＮ文化とも言う。日本の文化技術は一、無・間の文化技術、二、凝縮・小宇宙の文化技術、三、生命・自然の文化技術、四、散・破の文化技術、そして先端技術に代表される。エネルギー資源が少なく、自然と四季が豊かな日本。先人が考えた、世界が求める日本の文化技術だ。

生命と出会う

偶然

偶然を取り込んだデザインをときどきおこなった。あの頃、銀座のサンモトヤマでエルメスのショーウインドウを担当していた。緑をテーマに「緑の五線譜」をデザインした。まず譜面台を土のなかに一週間埋めてもらった。さらに五線譜を土でつくり、野菜の種を播いた。やがて新鮮な緑が育ち、偶然にも花が咲いた。

向こう側

ル・クレジオは、生と死の間の世界を「向こう側」と言った。あるときサンモトヤマのショーウインドウで「生から死」に向かう美しさを表現した。素材は柑橘系の果物。時間とともに変化し枯れていく色や形の美しさを体感してもらう。プロとして、展示期間に合わせて乾燥状態をコントロールした。

自然と科学はすべてを与え、すべてを奪う

二〇一一年三月十一日、東京に強い地震があった。地震は終わったが、テレビでは東北の「まち」が津波で流される映像が繰返し流れた。さらに福島の原子力発電所から大量の放射性セシウム137等が放出された。あの大好きな自然が。あの科学の成果が。叡知はさまざまな暗黒を越え、循環できる新エネルギーが「まちと空間」を再生するだろうか。

生きる

生きるとは、さまざまな苦しみや災難に出会い乗り越えることだ。今活躍している人で、苦しみや災難を乗り越えた経験のない人はいない。江戸時代の良寛さんは言った、「災難に遭うときは災難に遭うがよく、死ぬときは死ぬがよい」と。どんなに苦しくても逃げないで、傷だらけになっても生き抜いて欲しい。

貧しさに負けない

貧しさには負けたくない。捨てられた雑誌のファッションページの写真を手切りにして、服をつくった。当時ともに仕事をしたスペインの映像的な建築家リカルド・ボフィールは、貧しい人々のために、ひとつひとつは小さな住宅なのに全体では豊かな集合住宅「カフカの城」をつくりあげていた。その理念と豊かな空間に深く共感した。

ショーウインドウ

ショーウインドウは、誰でも見ることができるストリートギャラリーだ。通常、期間は短く、季節により変わる。遠くから見て足を止める魅力的表現と、近づいて見て、自らが発見し感動する表現が必要だ。最近は、撮影しメールで送りたくなるかも問われる。最高に感動するショーウインドウに出会うと、生きてて良かったと思う。

金沢から未来へ

金沢

金沢は夢想するまちだ。旧市街は城を中心に円周二キロメートルのコンパクトシティだ。江戸時代の城と平成の金沢21世紀美術館が同時に見える。中心には犀川と浅野川が流れ、用水が流れる。斜面は緑地として保全され、中心には兼六園がある。私は学生時代と教師時代を合わせて八年間過ごし、現在はときどき散歩に行く。

伊勢神宮

金沢城公園の特設テント内に、金沢工芸のジュエリー・鏡・宝箱等を展示して欲しいとの依頼があった。私は六十枚の黒麻暖簾を使い、すべてが入口となった展示空間をデザインした。暖簾の心と空間の奥を知りたく、風や水や間の豊かな伊勢神宮の内宮を訪れた。五枚の暖簾が、神々しい空間のなかで静かに揺れていた。

身体空間

空間は、ひとが入って完成する。身体空間の授業は、身近な素材を活かし、豊かで小さな空間を自らデザイン・制作し、五感や記憶を持つ身体がそれをどのように感じるかを学ぶ。当時美大二年生の相原朋世さんは、透明なコップで空間をつくり、色ゼラチンを数カ所入れ、未来を予感する仮想的空間に身体を入れた。

専門店

専門店は商空間の基本だ。プロが日常感覚でデザインしているので要注意だ。大切なのは、空間のデザイン以前に、取り扱う商品を徹底的に追究することだ。当時美大三年生の沖津真美さんは、雨が降ると店全体が雨水が鳴らす楽器に変わる、長靴専門店「ＰＩＴＴＥＲ ＰＡＴＴＥＲ」をデザインし私を唸らせた。専門店は感動をもたらす、商品や空間との出会いの場だ。

ネットワーク

独自のネットワークと情報網が大切だ。会社や検索情報は共通情報だ。七〇年代、六本木に皆が集まり語り合えるカフェバー「ＬＩＦＥ」をつくりたいとの話が仲間からあった。私は友人とともに、二本の長いテーブルを用意した。一本はザワザワと語り合う木のテーブル。一本は孤独に思索するステンレスのテーブル。この場から、やがて新たなネットワークが誕生した。

場

場を考えるとき、「場のデザイン」と「場の獲得」がともに大切だ。とくに場の獲得には、独自のネットワークへの「種蒔き」と、必要に応じ「ポートフォリオ」が大切だ。チャンスは突然やって来る。そのときは最大限のスピードでチャンスを摑んで欲しい。場は一ヵ所ではなく三ヵ所ほど持つのがよい。活動の場を組み替え、内容を高められるから。

欧米の文化技術

機会があれば、欧米での仕事にぜひ参加して欲しい。私はフレグランスブティック「レ・サロン・デュ・パレロワイヤル・シセイドー」に参加しフランス文化省の担当者と語り合い、パリ装飾美術館での資生堂展に参加し学芸員と語り合った。結果として、欧米の文化技術の強みである、「時間（歴史）の文化技術」の魅力と豊かさを徹底的に学び、過去を見て未来を表現する空間手法を学んだ。

さぼり場

若々しく多忙なクリエイターには「さぼり場」が大切だ。仕事につかれたとき、眠ったり、ぼっとしたり、仕事の進め方を考える場だ。机の上には「打ち合わせ。○○時帰社」とメモを置けばOK。仲間が来ない、でも十分か十五分で戻れるリラックスする場所だ。経験を踏むと世界のカフェがその対象となる。

ディレクターの役割

空間デザインのディレクターは、場のデザイン指導と同時に場の獲得が大切。とくにショーウインドウでは、未来に残すフレイムづくりが重要。そのため、建築には初期段階から参加し、サイズ・照明等を確定し、予算取りもおこなう。例えば東京銀座資生堂ビルでは初期から参加し、縦長の大きなウインドウ、もしくは奥行きの深い小さなウインドウを提案。結局両案が採用された。

クリエイティブ

クリエイティブはデザインを含み、分野を超える。建築でも経営でも小説でも商品開発でも営業でも、クリエイティブ（創造力）が独創性を引き出す。そしてテーマのもとにチームが組まれる。私は美大生や造形教室の子どもたちが将来世界のさまざまな場で活躍する姿を思い浮かべながら、ひとりひとりの潜在的な創造力を引き出す。

グローバル視野・ローカル視点

これは、国際ブランドが世界でビジネスをおこなうときの鉄則だ。視野は世界で、視点はローカルだ。ローカルは国の場合、地域の場合、企業の場合、私の場合など、テーマにより変化する。お客さまは世界中の商品や空間と比べてから選ぶ。世界でいちばん魅力的な空間、憧れの空間を求められる時代となった。

仮想空間

二〇〇一年、松屋銀座のグランドオープンに参加した。デジタル時代を予感し、リアルな三宅一生の服に仮想の服、透明な金魚が泳ぐカップルドレスを重ねた。独自に制作した「リアル」と「抽象」を包含する空間を見つめるマネキンの目を赤いカラーフィルムで被い「仮想空間」を強調した。リアルと仮想が連結した、次世代の未来表現を見たい。

未来空間

未来空間はリアル空間の進化版（例：良循環する生命空間）か、リアル空間と仮想空間の連結となるのでは？人間が生命体である限りリアル空間が基本だ。モバイル機器を楽しむひとびとは、やがて空間にもそれを求める。すでに、明るさ・音楽・背景などを自由に変えられるゲーム的空間が出現している。未来空間がどのように変わるか楽しみだ。

詩とエッセイ

青い朝顔

点はやがて線に、そして空間に。
なにげない日常のなかに、新しい発見がある。
レンガの間に落ちた、一粒の種が成長した青い朝顔。
どんなに悪条件でも、小さな夢を持ち、
ひとつひとつ努力を積み重ねれば、いつか花開く。
　一杯の水が飲める幸せ。
沈黙は、成長のための水と光だ。

白

雪が降る。
白梅が香る。
遠くに
古寺の白壁が見える。

白い立方体を持ち上げると
カランと
白い音がした。

生命

私は五十歳になったとき、心の病になった。会社は結局一年間休職した。雨の多い六月の一カ月間は、カメラを持ってまちのなかを歩き続けた。そこで見つけた小さな生命たちが、その後の歩む方向を決定づけた。それまで私のクリエイティブテーマは「小宇宙」だったが、この体験以降「生命」となった。

資生堂の現場に復帰して間もなく、新ブランドを出すからクリエイティブディレクターとしてプロジェクトに入って欲しいとの連絡を受けた。リーダーは当時社長の福原義春さんだった。社運をかけるとはいえ、社長が自らリーダーになるのはやめたほうがよいと思った。失敗するかもしれない……。

新ブランドのキーワードは、「アジア」と「生命樹」だった。唐草でなく生命樹であることは私を活気づけた。さらに当時国際マーケッティング部にいた私は、アジアや日本を含む東洋の文化技術を、バリを含め徹底的に研究していた。とくにチベットの図像や道教の生命の流れ図は、ビジュアルマットづくりに役立った。できあがったカウンター模型を福原さんに提案したとき、思いがけないことを言われた。「このブランドは生命的なブランドとして永く成長させたい。完成度を上げてはいけない。このカウンターの目指す方向はよいが、完成度がありすぎる。考え直して欲しい」。それまでデザインの完成度を大切にしてきた私は耳を疑った。新ブランド「AYURA」はこのようにして一九九四年に誕生した。

やがて、私のなかで「生命」と「自然」は近い関係になった。生命と言うとき、人も地球も虫も樹木も同等になる。そして生命は未完成である間は成長する。やがて完成すると、成長が止まる。器は、完成度が高いと、人は見るだけで手を添えようとしない、空間に入ろうとしない。日本の魅力的な器は、手を添えてはじめて完成する。茶室も人が入り完成する。さらに、生きている間は、成長しながらさまざまな「偶然」を生む。そして死を迎える。

あの時私は心の病になり、「生命」と出会い、本当に良かったと思う。

光

翌年には金沢を離れることが決まった頃、金沢美術工芸大学から教員の研究活動展「美大アートワークス2009」の会場構成を頼まれた。金沢21世紀美術館の地下一階会場全体を使う空間構成のテーマは「MANGAのコマ割り」に決めた。会場の一コマ目は作品をひとつも置かず、光の他は色チョークを重ねた一本のテーマタワーだけの「光の庭」を演出した。空間を光だけで演出するのが長年の夢だった。

学生時代は北陸照明のスタッフの一員として、金沢北国講堂や当時の金沢市観光会館で舞台照明を仕込んだ。

朝から晩まで、宝塚やジャズの渡辺貞夫などの舞台照明を担当した。あるとき教師から肩を叩かれた、「これ以上出席日数が足りなくなると留年だよ」と。下宿にはカラーフィルターが散らばっていた。

資生堂時代は光を扱うショーウインドウが大好きだった。最後の照明位置を決めるのに現場で長時間かかり、制作施工の才能集団「現代工房」スタッフがコックリコックリするのを何度も見た。パリのオ・プランタンのショーウインドウ施工で光の位置を「二ミリ下げて欲しい」と言うと、現場にいたパリスタッフはあまりの細かさにゲラゲラ笑った。

ディスプレイはアート作品ではない。仕上がりは七割から七割五分で充分だ。それを八割五分から九割に引き上げるのは光（照明）の役目だ。

プロモーション「ナッコＳＵＮ」の撮影準備で、アフリカのケニアに行った。夜中に動物たちが鳴き声をあげながら、光のある水飲み場に登場する場面を見た。光と闇の境界線がつくる動物のシルエットがあまりに美しく狂喜した。それ以来、空間の光テーマは「光と闇の境界線」となった。

六十一歳になったとき、金沢の母校から環境デザイン専攻教授に迎えられた。そして私と工芸科の新教師とのコラボ作品展「工芸×空間展」を回遊庭園のように演出した。会場は金沢21世紀美術館、制作施工スタッフは凄腕の「ナカダ」だった。「朝日のような光」や「太鼓を打つような光」を次々に具現化した。東京から来ていた「乃村工藝社」の鈴木恵千代さんが教師仲間の角谷さんに伝えた、「会場デザインより照明のほうがいいね」。私はニッコリした。

金沢21世紀美術館「金沢美術工芸大学教員作品展／工芸×空間展」2006 cf.p13, p63

金沢21世紀美術館「金沢美術工芸大学教員作品展／工芸×空間展」2006　cf.63

金沢城公園「かなざわごのみおしゃれメッセ」2008　cf.p38

パリ・オ・プランタン 1980　cf.p75, 別冊 p5

ニューヨーク・ディアチャルシー資生堂プレス発表会　2001 cf.p23, 別冊 p3

論考　資生堂のショーウインドウ

一八六九年（明治二）町名制定により「銀座」が公式名称（銀座一～四丁目）となり、一八七二年（明治五）新橋停車場が完成した。

同一八七二年（明治五）福原有信が、わが国初の洋風調剤薬局、資生堂を銀座（出雲町一六番地）に創業した。五年後、イギリスの建築家T・J・ウォートルス設計の銀座煉瓦街が、一八七七年（明治一〇）に完成した。銀座にガラスをはめたショーウインドウ（当時は、陳列窓と呼んだ）が登場したのは、「東京商工博覧絵」によると一八八五年（明治一八）以前のようだ。一八九七年（明治三〇）化粧品事業に着手し、化粧水「オイデルミン」を発売した。一九〇〇年（明治三三）福原有信は欧米視察の途上パリ万国博覧会に遭遇し、異文化に衝撃を受けた。ベルギーを中心に輸入に頼っていた板ガラスが、一九〇七年（明治四〇）日本で初めて製造され、店の顔が「のれん」から「ショーウインドウ」に変化し、店頭に商品が並び始めた。

資生堂にとって初めてのショーウインドウは、一九一三年（大正二）だ。三〇才の福原信三が欧米から帰国し、銀座八丁目角（現東京銀座資生堂ビル）にあった、T・J・ウォートルスによる一等煉瓦家屋の資生堂薬局入り口周りを改装し、柱廊を生かし腰高の低いショーウインドウを三ヶ所誕生させた。

続いて、一九一五年（大正四）に初代社長となった福原信三は、一九一六年（大正五）銀座七丁目角（現ザ・ギンザ）に、店頭も店内もハイカラな、アール・ヌーボー、アール・デコ様式を取り入れた辰野金吾設計の資生堂化粧品部を開店した。ショーウインドウは、三方向をガラス面とし、当時舗道から七〇センチ前後が普通だった腰高を三〇センチまで低くし、上は軒近くまでガラスを伸ばした。照明は、アメリカの演劇誌「トワード・ニュー・シアター」に掲載された舞台装置を参考にして、わが国初めてのフットライトを、埋め込み式で東京電気（現東芝）技術陣の協力により設備した。商品を劇中の人物に見立て、フットライトで効果をねらい、一〜二週間のサイクルで演出し、銀座で話題となった。福原信三は、大晦日の夜、飾り付けの完成を見届けるまで目黒の自宅に帰らなかったという。一九二三年（大正一二）の関東大震災で銀座が壊滅的打撃を受けるまで続いた。

銀座のショーウインドウは、銀座の街の豊かな表情であり、お店の顔であり、店主の想いであった。このようにして、資生堂はブランド理念の表現の場であり、資生堂の美意識を象徴する「顔」としてのショーウインドウを創業の地銀座に実現した。

一九二八年（昭和三）円窓が印象的な、資生堂アイスクリームパーラーを前田健二郎の設計で新築した。資生堂は一九一六年に意匠部を発足し、パッケージやグラフィックにアール・ヌーボー、アール・デコ様式を取り入れ、独自の「資生堂スタイル」を完成させていた。資生堂のパッケージを代表する八角形の直線と有機的な花椿マークが美しく共生した「七色粉白粉」（大正六発売、大正一五改称）と印象を同じくする、アール・デコ風の美しく独創的な建築が誕生した。特に花椿マーク外形の一部が切り取られたウインドウフレイムのラインが美しかった。奥行きが少ない箱型の中に、モダンで洗練されたデザインが一九六一年（昭和三六）まで表現された。

戦後（一九四六年、昭和二一）の暗い銀座に初めて、資生堂薬粧販売株式会社（資生堂化粧品店）の外壁に、赤色の裸ネオンで「SHISEIDO」を入れた突き出しネオン看板を取り付けた。ショーウインドウは、一九四七年人気女優原節子の笑顔が商品と共に飾られ、銀座の街を元気づけた。

私の大学時代は、金沢で過ごした。街には文化の香りが漂い、自然が共生していた。大学四年の時、銀座で現東京銀座資生堂ビルの地にあった資生堂会館一階の資生堂パーラーウインドウに出会った。感動して立ちつくした。当時、東京藝術大学の金工科を卒業したばかりの伊藤隆道が、谷口吉郎設計の資生堂会館竣工（一九六二年）に合わせ、当時社員だった石岡瑛子の紹介で一九六二年（昭和三七）のクリスマスから約一〇年間、一九七三年に全面リニューアルし、資生堂パーラービルになるまでデザインを担当していた。ショーウインドウは、一本の樹木の葉が、光のなかでいっせいに揺れ動いているような、無数の小さなアルミ板の集合世界であったり、小さな輝きの世界が天に上っていくような動きのある世界であった。自然の中で最も美しく、偶然性を含め最も生命的な瞬間がそこに存在していた。低めの空間に設置された一枚板の楠も印象的だった。全体も美しく、部分も生き生きとして美しかった。アート&テクノロジー。資生堂が常に求める文化と技術の融合と創造をそこに見た。試作とデザインが一体の工房から次々に独創的な作品が誕生した。社会的な話題となり毎日産業デザイン賞を受賞した。

資生堂会館には、もう一つのすばらしいショーウインドウがあった。奥の階段のステップごとに、小型ウインドウが五階に向け四ヶ所あった。時代を超え、モダンに構成された透明で発光する色彩世界が、そっと隠れるように存在していた。宮沢尚がデザインを担当していた。毎回ウインドウが変わるのを見に行くのが楽しみで、見ると何故かとても明るく幸せな気分になった。小型ウインドウの魅力にとりつかれ、ウインドウだけが持つ出会いのすばらしさを学んだ。

芦原義信設計による資生堂本社ビル本館が、一九六六年（昭和四一）に竣工し、当時日本で最大といわれた、左右九・三メートル、天地二・五メートルの巨大な一枚ガラスのウインドウフレイムが誕生した。一九六六年は、前田美波里のポスター「太陽に愛されよう」が誕生した年だ。現在も続いている本社ウインドウデザインのスタートとなり、つぎつぎに革新的で大胆な空間造形を並木通りに具現化した。初期の代表的な作品に、一九六八年戸山築の、ピンクの玉が、透明なパイプを超えて上下する「ピンク・ポップ」。一九七三年太田雅雄の、時間の変化を取り入れ、等身大の女性が壁を通りぬける「おはようの肌」。同一九七三年田中寛志の、人形の目が閉じると、ウインドウ全体の照明も暗くなる「影も形も明るくなりましたね。目」などがあげられる。

「影も形も」では、想いの人形制作のため、人形師と山口小夜子の出会いの場を作った。小夜子の目にはインドの土が入り、近くから見ても神秘的だった。人形師は小夜子のおでこの髪を、荒々しく手であげた。目を閉じる時、顔が少し天井を向いた。人形は、銀色に輝くサイに乗せた。目を閉じると白い山の上に二つの月が浮かんだ。美を象徴する心象風景をそのままショーウインドウに再現した。

今は、ウインドウフレイムが二ヶ所となり、最近まで「スキンケアハウス資生堂」他資生堂グループからのメッセージを演出し、現在は「資生堂ブランドの美と創造的魅力」を季節感と共に演出し、資生堂本社ビル新館ロオジエ前庭の樹木の変化と併せ、並木通りを通る人が楽しめるショーウインドウを目指している。

一九七五年（昭和五〇）本社ビルと同じ設計者芦原義信による、資生堂ザ・ギンザ（旧資生堂化粧品部）が竣工した。クリエイティブに関して、旧「花椿」編集長で取締役営業担当の山田勝巳が自らディレクションした。私はショーウインドウの担当として質問した。「ザ・ギンザのコンセプトは何ですか」と。山田は次のように答えた。「君が作るものがザ・ギンザだ。

コンセプトを考えるより、これがザ・ギンザだと思うものを、ハンガー一つで良いから持って来なさい」。このようにして、常に時代の風を感じるショーウインドウのデザインがスタートした。私が一九八四年まで担当し、一九八五年から一九八六年高橋新三が担当し、建物全体を背景にした大胆な表現が話題になった。これ以降、若いスタッフの表現の場とし、資生堂の先進的で若々しい顔として、現在まで続いている。

残念ながら、ザ・ギンザのウインドウフレームは、照明条件の悪さを含め資生堂の顔にふさわしいとはいえない。私は、ウインドウ内部のデザイン以前に、ウインドウのフレーム作り、場作りの大切さを実感し、これ以降設計段階からの参加を求めるようになった。

一九七五年（昭和五〇）山田勝巳ディレクションにより、本社の隣に外壁に深い青紫のホーロー仕上げで、内部は漆喰と真鍮を生かした資生堂ザ・ギンザ並木通り店が、安田譲治設計で開店した。資生堂ザ・ギンザでの経験を生かし、設計段階から参加して理想的で小さなショーウインドウを設定した。空間テーマを「最小の空間に最大の効果」とし、大きな球体が入り、商品スケールともバランスの良い約三六センチ立方の空間とした。フレームを含め真鍮ですべて覆い正面に扉と鍵をつけた。一回の制作予算は最少（資生堂会館小ウィンドウの十分の一）にし、すべて個人の制作者に依頼した。表現テーマは「化粧品と小宇宙」で、カレンダータイプのショーウインドウを毎月演出し、一九七六年度ディスプレイデザイン大賞で金賞を受賞した。

資生堂は、一九八〇年（昭和五五）に資生堂フランスを設立した。担当として、グラフィックから天野幾雄、スペースから加藤悠、安田譲治、田中寛志がパリに長期出張した。海外資生堂のイメージクリエイター、セルジュ・ルタンスのディレクションで、グラフィックは「真っ赤な太陽を抱いて泳ぐ女性」のイメージ・ジェネリック他のビジュアルを制作した。スペースは、資生堂オリジンの「インウイ」スタイルとジャパンオリジンとパリ・アールデコが融合した資生堂デパートカウンターをパリ・オ・プランタン、ギャルリー・ラファイエットに設置した。オ・プランタンのカウンターはガラスケースが一つも無く、化粧品が重箱に詰められ、カウンター上に一箱一箱美しく円形の鏡と共に演出された。ギャルリー・ラファイエットのカウンターは正八角形で、三方向にガラスケースがある輝くカウンターであった。「資生堂の文化は、東洋と西洋の融合文化」と語られ、「紫は、赤い太陽と青い空の融合色」他ヨーロッパ文化のエスプリを多く学んだ。当初の海外のジェネリックカラーは「インウイ」カラーで、ワインのボルドーカラーと金であった。ルタンスは、日本の赤と黒の漆が何度も何度も塗り込んで深い色合いを持つことに興味を持ち、資生堂イメージのプレステージ性と共通のものを感じ取った。

特設のデモンストレーションと同時に、オ・プランタンの正面ウインドウ大小四面全部が資生堂のショーウインドウとして演出され、パリの話題となった。ルタンスが言葉でイメージを具体的に語り、私が具現化した。当時、私のザ・ギンザウインドウ「メローカラー」が、スイスのショーウインドウ他の専門誌「インスピレーション」の表紙をすでに飾っており、内部に工房を持つオ・プランタンのディスプレイスタッフとすぐ仲良くなった。ジェネリックのショーウインドウは、ボルドーカラーを背景に、アール・デコ的な屏風に色の変化がある重なりをつくり、鳥が両サイドに羽を広げるように、二つのジェネリックビジュアルと二つの花椿マークを対照的に演出した。最後に、屏風の中心に商品が飾られた。「インウイ」商品の飾り方イメージを、ルタンスは「ニューヨークの摩天楼に浮かぶ太陽」と語り、「インウイ」コンパクトの背面の赤い円を太陽に、商品を摩天楼に見立て演出した。スキンケアのショーウインドウは、「麻葉文様」を肌の表面に見立て背景にし、一枚の大きな花びらの上に一つの雫が落ちる瞬間を、子供の肌を使用したビジュアルとスキンケア商品と共に演出した。銀座に初めて資生堂のショーウインドウが登場してから、六七年目であった。

二〇〇一年（平成一三）、資生堂創業の地であり、資生堂会館の地にスペインの建築家、リカルド・ボフィールによる東京銀座資生堂ビルが竣工した。

一九九七年福原義春に呼ばれ、資生堂の文化遺伝子をボフィールに伝えて欲しいとの話を受けた。資生堂の文化財産の、パッケージ、グラフィック、色そして建築の資料を用意した。当初ボフィールは、未来の建築としてガラスの建築をプレゼンしていた。用意する建築資料は、一九二八年前田健二郎設計の資生堂パーラーと福原有信の別荘も設計したフランク・ロイド・ライトに焦点をあてた。福原義春の示唆を受け、明治村に現存するライト設計の帝国ホテルを視察し、有機的で全体も美しいが部分も美しい（細部に神が宿る）資生堂アール・デコスタイルを再確認した。バルセロナのセメント工場あとを再生したボフィールの設計チーム（タジェール・デ・アルキテクトゥーラ）に向かう途中、一九七五年ボフィール設計で赤いスペイン風漆喰をいかした集合住宅「ウォルデン7」を視察し、ガラス建築を超えられると確信した。ボフィールに資生堂が求めるのは、グローバルに向けた文化拠点として、過去と未来が共生する独創的な建築空間であり、器で言うとガラスのような「磁器」ではなく、土の色合いに変化があり表情を持つ「陶器」のような建築だと資料と共にプレゼンした。

ショーウインドウに関しては、当初、資生堂会館イメージの横長サイズか、間口より奥行きが深い革新的サイズを提案した。最終的に、建築とのバランスを考え、縦長の大きなウインドウ二ヶ所と小さい間口ウインドウ八ヶ所が設置された。縦長のウインドウフレイムは、ニューヨークに行く度に、マジソン街のカルバンクラインで体感しており、上下の間を生かし、資生堂独自の文化技術を生かした表現が出来ると確信した。

ショーウインドウの目指す方向は「資生堂の顔として、銀座の街を輝かし、グローバルに発信する文化技術表現」とした。第一回のウインドウは、外観（設計）のデザインが決定した段階でイメージは決定し、真っ赤な「ばち」（太鼓を叩く棒）を「御柱」のサイズでウインドウに演出した。遠くから見るとダイナミックに、近くから見るとフラジャイルに。何千本かの真っ赤な絹糸が下部につけた臘の重りで下がり揺れた。下部の水舞台に泥水をいれ、水面に赤い口紅と赤い妖精を立たせ、偶然性を含む生命的なショーウインドウを具現化した。八ヶ所の小ウインドウは、なにげない輝きとの出会いを大切にした。

資生堂は、創業以来ショーウインドウの役割を「資生堂の美意識を象徴する顔」とし、ブランドのイメージづくりの重要な場と位置づけてきた。併せて、ショーウインドウは「街の表情」を作り、街の再生を含む豊かな環境を作ると位置づけてきた。

制作と施工に関しては、一九六二年（昭和三七）から現在まで、一貫して現代工房の安藤士と息子の安藤隆夫が中心となり、東京銀座（資生堂本社ビル本館、資生堂ザ・ギンザ、東京銀座資生堂ビル）のショーウインドウ全体を、デザイナーと一体となって、高レベルの技術と感性で具現化してきた。

今、時代はデジタル時代、ITによりあらゆる人に共通の情報が手に入る時代になった。これからのショーウインドウは、資生堂の美意識を、ITでは実感出来ない、リアルで生活者との「身体的」「生命的」「循環的」な美的表現を目指したい。併せてブランド時代、「ブランド価値」を高め「憧れと満足」を体感し、美的感動により「心と記憶」に残る表現を目指したい。ショーウインドウは、その街、その場所、その瞬間に出会った人だけが体感し、共感や感動を引き出せるリアルで偶然を含む場でありメディアだ。ブランドや店の文化経営に役立て、商店街の再生を含む地域貢献に役立てたい。

店に入るお客さまだけでなく、街を通る生活者一人一人に、資生堂や店の顔として文化やメッセージを演出し、季節感や催事と共に街を豊かに輝かせたい。創業の地東京銀座で。ニューヨークやパリ他世界の拠点で。日本の街の拠点で。小さな専門店で。常に時代をリードする資生堂ブランドの魅力と共に。

出典『研究紀要　おいでるみん』vol.15　二〇〇三年　株式会社資生堂／資生堂企業資料館

解説

空間デザインの詩学

新保智子

二十世紀後半、日本のデザイン界は、いまだ欧米のデザインに追随するものが評価され、それが売上につながる時代でした。「日本のオリジナリティ」への関心は充分に醸成されず、それに対する誇りといったものも浅くとどまっていました。

田中寛志さんとの交流はそんな時代を背景に始まりました。銀座二丁目の「カフェ・ペシェ」が田中さんとの待ち合わせの定番でした。約束の時間より少し早く、田中さんはいつもカウンターのいちばん奥の同じ席に座って、本や資料に目を落されていました。あせって到着した私がドアベルをガランと鳴らして入って行っても、田中さんは厳しい横顔を見せたままで、私が隣に座ってようやく気がついて、「やあ」と顔を上げ少しだけ笑顔を見せてくれました。

当時、田中寛志さんは資生堂のデザイナーとして銀座を軸足に海外の拠点を東奔西走していました。そして、海外の仕事を通じて異文化に出会うたびに自国や自身のアイデンティティを再発見し、日本文化を空間デザインに昇華する独自の空間表現に磨きをかけていきました。とりわけ、二〇〇一年にオープンした東京銀座資生堂ビルのショーウインドウには、一九一三年（大正二）以来、銀座の街と時代を彩り続けたショーウインドウデザインの伝統が引き継がれていると同時に、日本文化の独自性を世界に発信しようとする意志が表れています。

第一線のデザイナーとして多忙を極めていた田中さんは、五十歳になったとき、会社を一年間休職することを余儀なくされました。心の病でした。その頃の田中さんはたくさんの美しい写真を残しています。とりわけ植物の接写は「生命」に迫り、その思いがシャッターを切る一瞬に凝縮されていて見事です。

そして、病を乗り越え、いや乗り越えただけでなく、さらに大きなモチーフをたずさえて再び現場に戻った田中さんは、いつもの珈琲店のカウンターで、海外でのプロジェクトの成果を語るのと同じ口調でご自身の病について語りました。私もまた輝かしいプロジェクトの話を聞くのと同じようにその話を聞き、受けとめていました。心が深く沈んだときに見える景色もまた、魂の高鳴り同様に、創作活動にとって大切なものであることを、私たちは感じていました。一見すると華やかに見えるデザインの時代も、高度成長の後の疲労感を抱え、取り戻すべきものは何かを模索していたのであり、心の病を内包していたと言えるかもしれません。

現場への復帰後、田中さんのデザインモチーフは「生命」に由来するモノやコトに求心的に向かい、それらをコンセプトとした企画は時代を牽引する新たな空間デザインとして結実していきます。それは、戦後の日本が便利で快適な生活環境を実現し、物質的な豊かさを享受した後、「真の豊かさとは何か?」を問い始めた二十世紀末のデザイン界の新しいチャレンジの始まりでした。

田中さんは六十一歳になったときに、母校である金沢美術工芸大学から環境デザイン専攻の教授として迎えられました。銀座のいつものカウンターで、田中さんは、大学に勤めていた私の夫のことをいろいろ訊ねました。大学で教えることの意味を確かめたかったのだと思います。そして東京を離れることは大きな賭けだと、少し迷っているふうに語りました。けれどもそのとき私はすでに田中さんのテーマが次のモチーフ「次世代への伝承」にシフトしていて、それが揺るぎないものになっていることを感じていました。

田中さんは、金沢ではウインドウデザインをひとつも手掛けませんでした。しかし数々の思い切った展示空間デザインを実現しました。

日本を代表し、世界にも注目される工芸の街、金沢に居を移した田中さんの日本文化に対する想いはさらにつのっていきました。例えば「のれん」

という文化の原点を知るために伊勢神宮の内宮に出かけます。そして、そこで感じた一瞬の風をついさっきのことのように愛おしく語り続けるのです。

そこには銀座で活躍していたとき以上に解き放たれた自由な飛翔があるように見えます。

金沢での四年間の教授時代に、授業や講演などさまざまなシーンで田中先生の後ろ姿を見た若者は数知れません。二十世紀から二十一世紀へ、挑戦のバトンは確かに受け継がれていったのです。

二〇一三年秋、田中寛志さんと私は「一緒に小さな本をつくろう」と約束しました。

一九六七年に資生堂の宣伝部に入社した田中さんも、一九七四年にミキモトの販売促進部に入社した私も、日本の戦後高度経済成長が終焉した後の四十年あまりを、時代とともに表情を変える銀座を拠点として空間デザインを担当する企業内デザイナーでした。そして、私たちは互いにかけがえのない友人でした。
私たちは「小さな」という形容詞で私たちの本が何を目指すのかを暗黙の内に了解していました。高度成長期の大阪万博前後に大活躍したデザイン界の巨匠から見たら、私たちのデザインは「小さくまとまってますね」と言われても仕方のないものでした。しかし、私たちは決して小さくまとまっていたわけではありません。「小さな」を大切に生きたのです。私たちは感じていたのです、マスコミュニケーションではなく、街のショーウインドウを覗き込むときに成立する一対一のコミュニケーションの深さを。たとえ騒音の大都会に在っても、小さな音を聞こうと耳を澄ませば、ひとは、遠くからやってくる豊かな音を聴きわけることができることを。

この本は、二〇一三年に田中さんから預かったエッセイと写真をもとに、田中寛志のデザインの詩情、仕事への取り組み姿勢、さらに田中寛志の活躍した二十世紀末から二十一世紀初頭の日本の商空間デザインの息づかいを次代を担う若者に届けたいとの思いから編集したものです。

「書物を取り囲む環境は衰えているが、生涯に一篇の詩に出会えればそれでいい。これは覚悟である。」そんな揺るがない思いを強い眼差しに宿した「港の人」の上野勇治さんによって、この本は形を成し、これからを生きる若者と子供たちに希望をもたらすことを願って、この混迷を深める時代に送り出されました。

コロナ禍を含む三年間にわたり、編集やデザインに御尽力くださった金沢美術工芸大学の角谷修先生、畝野裕司先生、沖津真美さん、コピーライターの川崎仁志さん、編集者の中原君代さん、「田中さんへの恩返しだ」と言って銀座っ子の粋を示してくださった東京画廊の山本豊津さん、船乗りの田中一星さん、その他、さまざまな方々の田中さんへの言葉に、田中さんの真摯な姿勢や優しさ、そして強さを改めて深く感じました。支えてくださった多くの方々に心よりお礼申し上げます。

図版提供
田中寛志

装幀
沖津真美

編集協力
角谷修
畝野裕司
川崎仁志
中原君代
林蓉子
田中一星

本書刊行にあたりご協力いただいた皆さま、別冊冊子『田中寛志さんと』にご寄稿いただいた皆さまに感謝申し上げます。

新保智子

田中寛志　たなかひろし

一九四五年二月二六日東京生まれ。一九六七年金沢美術工芸大学卒業。同年、資生堂入社。銀座を拠点に国内外のショーウインドウデザインや店舗のクリエイティブディレクターを担当し、それらの仕事はディスプレイデザイン優秀賞、御堂筋ショーウィンドウコンクール内閣総理大臣賞など多数受賞。セルジュ・ルタンスやリカルド・ボフィールとの仕事でも大きな功績を残した。資生堂退社後、二〇〇六年金沢美術工芸大学教授、二〇一五年まで教鞭をとる。二〇一〇年からは国立市の「桃太郎アトリエ」で児童美術教育にも携わる。資生堂での仕事は『Shiseido Window Art 100 1963~1993』（求龍堂）などで紹介されている。共著に『6人のディスプレイディレクション』（六耀社）。

新保智子　しんぽともこ

一九五二年二月五日東京生まれ。一九七四年東京造形大学卒業。同年、ミキモト入社。国内外のショーウインドウや出店計画に携わり、入社と同時にオープンしたミキモト本店ビルのショーウインドウと銀座通りに開口したプラザの演出をビルが建て替えられる二〇一五年まで手掛ける。ミキモトでの仕事は『真珠がつなぐ　ミキモトのウインドウ』（六耀社）などで紹介されている。金沢美術工芸大学名誉客員教授。大学時代に幼稚園児の絵画教室を主宰。

空間デザインの詩学

二〇二三年一月六日初版第一刷発行

著者　田中寛志
編者　新保智子

発行者　上野勇治
発行　港の人
神奈川県鎌倉市由比ガ浜三―一一―四九
〒二四八―〇〇一四
電話〇四六七―六〇―一三七四
ファックス〇四六七―六〇―一三七五
www.minatonohito.jp

印刷　創栄図書印刷
製本　博勝堂

ISBN978-4-89629-414-9